Don de l'auteur - Rec. 25

ALBERT CHEREL

LES TERRITORIAUX D'ANJOU AU FORT DE VAUX

SOUVENIR DE MARS 1916

FRIBOURG (SUISSE)
FRAGNIÈRE FRÈRES, ÉDITEURS

1917

ALBERT CHEREL

LES TERRITORIAUX D'ANJOU AU FORT DE VAUX

SOUVENIR DE MARS 1916

FRIBOURG (SUISSE)
FRAGNIÈRE FRÈRES, ÉDITEURS

1917

LES TERRITORIAUX D'ANJOU

AU FORT DE VAUX

SOUVENIR DE MARS 1916

Le 9 mars 1916, l'agence Wolf annonça au monde la prise, par les troupes allemandes, du « fort cuirassé de Vaux ». Comme le fort tenait encore les jours suivants, il fallut bien expliquer la résistance française. Wolf avoua donc que les Français s'étaient maintenus grâce à l'accumulation de « troupes d'élite » et, précisant, des « troupes bretonnes ».

Ce sont toujours des « troupes d'élite » que les Allemands ont devant eux, lorsqu'ils sont repoussés ou battus. Quant aux Bretons, c'étaient des Angevins. Le numéro de notre régiment territorial d'Angers est le même que celui du régiment actif de Saint-Brieuc : l'erreur de Wolf, cette fois, était excusable. Nous eûmes alors au fort une compagnie, puis deux, et deux sections de mitrailleuses. Des troupes actives vinrent d'ailleurs se joindre à nous et finalement nous relever. Cette participation des territoriaux angevins à la défense du fort de Vaux, et ainsi à la grande bataille de Verdun, mérite d'être racontée. Je dirai ce que j'en ai vu. Ce sera sans doute la meilleure manière dont je puisse, en cette Toussaint de 1917, fêter, pour l'honneur de mes soldats et de mes camarades, le souvenir de nos épreuves.

* * *

Nous ne nous attendions guère à passer par cette fournaise. Jusque-là nous avions occupé — depuis janvier 1915 — des tranchées souvent dangereuses, dans la Somme et dans l'Oise. Mais jamais nous n'avions vu d'attaque. Les tirs de l'artillerie ennemie, sans revenir chaque jour aux mêmes heures, comme les journaux l'ont trop dit, nous semblaient un peu uniquement destinés au réglage et à la consommation des munitions. Cela n'empêchait pas, bien entendu, les obus allemands d'être meurtriers parfois. Les « torpilles » avaient fait s'effondrer quelques abris. Les balles avaient blessé ou tué quelques guetteurs. Et assurément les blessures ou la mort ne cessaient pas de nous apparaître comme les choses du monde les plus possibles. Mais, tout cela, c'était le danger, ce n'était pas le combat.

Et puis, à cette époque, en février 1916, le régiment se considérait volontiers comme fatigué. Il avait creusé des tranchées de toute sorte : en première ligne, en seconde ligne; dans la terre végétale, dans l'argile, dans le calcaire; il avait creusé et couvert des abris, porté des rondins, voituré des caillebotis, posé du fil de fer barbelé, la nuit; et tout ce travail incessant, il l'avait exécuté, accompli, avec ce souci du « fini », de l'irréprochable, que les Angevins mettent en tous leurs ouvrages. Il ne leur suffisait pas que les parapets fussent solides : ils les voulaient rectilignes; je les ai vus quelques fois lents à se mettre à la tâche; mais je les ai vus aussi quitter la tâche après l'heure indiquée, afin que le travail fût minutieusement achevé. Un tel soin des détails n'allait pas sans un surcroît de fatigue.

Aussi notre colonel disait-il de tous côtés que ces hommes avaient besoin de « repos »; il demandait ce repos aux généraux; il le promettait aux soldats. Comme nous étions campés dans les caves de Tilloloy, la division coloniale de Marchand vint nous relever. Et Marchand parla, lui aussi, complaisamment, du « repos » réservé aux bons territoriaux pour leurs pénibles et loyaux services.

On nous porta donc en arrière, dans la région de Montdidier, le 20. Mais nous n'étions pas établis là depuis huit jours qu'un ordre d'embarquement nous saisit, nous et toute la division. On parlait du « camp de Châlons » comme de notre destination probable. En réalité, nous allions à Verdun.

Après un voyage glacial en chemin de fer, nos étapes à pied se précipitèrent : la Neuville, Passavant, Fleury-sur-Aire, dont la rue principale n'était qu'un lac de boue où nageaient les camions géants qui ravitaillaient Verdun; Dugny enfin. Sur les routes ce n'étaient qu'autos, convois, canons ; sur les champs, des monceaux d'obus, des aéroplanes étalant leurs ailes devant d'immenses hangards de toile verte, qui semblaient capitonnés. De tous côtés des troupes. Nous qui sortions de nos trous depuis si peu de temps, nous étions éblouis de tout ce mouvement. Mais aussi nous remarquions qu'il y avait de l'ordre dans cette hâte. C'était une force immense, et une force organisée.

Dans cette foule, les bruits les plus divers, les « tuyaux » sur les opérations en cours circulaient sans beaucoup émouvoir personne. Nous n'avions pas de journaux, et ainsi pas de motif imprimé d'être inquiets. Ce que nous voyions à chaque pas nous donnait confiance. Et nous sentions que nous allions participer à quelque chose de très grand. Nous étions attentifs, recueillis, prêts à agir. Un « civil » nous parla de la prise de Douaumont par les Brandebourgeois ; un autre de Verdun bombardé : nous écoutions ces nouvelles assez distraitement. En revanche, comme le général de Castelnau, en auto, avait croisé notre colonne, tous les soldats remarquèrent au passage son sourire confiant ; et, à la halte suivante, ils en parlaient encore, comme d'un indice de sécurité et d'un signe de victoire.

A quel rôle étions-nous destinés? Notre devoir se précisa lorsque nous fûmes à Dugny. D'abord, les deux premiers jours on nous laissa quelque repos. Et nous eûmes ainsi loisir d'aller, au haut de la côte qui domine la Meuse, considérer de près la batterie anti-aéronefs de 75 qui avait abattu récemment un zeppelin à Revigny ; de là aussi,nous apercevions Verdun et l'éclatement des obus allemands sur ses casernes neuves. Puis, le 1er mars, l'ordre nous arriva de partir en corvée de travailleurs, afin de creuser des abris dans le bois des Hospices. Notre trajet comporta quelques risques. Nous les constations et nous pouvions en quelque sorte les compter, par les trous d'obus tout récents qui encadraient la route. Au carrefour du Tilliat, situé sur une crête, ils se multipliaient; il y avait là, en outre, un petit cimetière tout fraîchement établi, assez abrité dans un repli du terrain, et qui témoignait bien que le passage était dangereux. Au loin, quatre drachen, insolents au bout de leur fil, guettaient les mouvements de troupes françaises. Enfin un avion à croix noire, ce jour-là, s'attacha spécialement à notre bataillon et le survola durant dix minutes assez longues.

C'est à ce carrefour que ma compagnie eut son premier blessé. Un obus de 105 éclata sur la crête aussitôt après notre passage, et l'un de ses morceaux, aigu et effilé, frappa un soldat de ma section. La plaie était légère et peu douloureuse. Mais auparavant, l'obus avait traversé une cuisine roulante et détruit le repas d'une compagnie; et le cuisinier, le ventre en lambeaux, gisait sur la pente, à côté de nous.

Le 2 mars, mêmes risques, même travail de terrassement que la veille. Le 3, sous la pluie glaciale, même besogne encore.

Ce jour-là, nous avions mené plus rapidement notre tâche, et nous rentrions à Dugny, assez gais, avant l'heure ordinaire. Sur la route, nous croisâmes de longues files de tirailleurs, vêtus de khaki, et recouverts de ces longs burnous à manches que l'on porte en Syrie. Dans les bois à l'entour, les canons semblaient plus nombreux que de coutume ; une pièce de 100 de marine aboyait sans relâche ; les convois d'artillerie se hâtaient ; les bois regorgeaient de caissons. Nous pensâmes bien que « quelque chose » était en train pour ce soir-là. Mais nous nous bornâmes à plaindre les pauvres Tunisiens qui s'en allaient dans la direction d'où nous venions, et plus loin encore...

Après une halte aux casernes Chevert, nous continuions à cheminer vers Dugny, le long de la voie du Decauville, lorsque la colonne est arrêtée : deux compagnies du 2e bataillon ont ordre de rebrousser chemin dans le même sens que les tirailleurs, et d'aller constituer la garnison, l'une du fort de Vaux, l'autre de l'ouvrage de la Laufée. C'est au fort que ma compagnie était destinée ; la carte nous le montrait assez proche du fort de Douaumont, occupé par l'ennemi. Ainsi, nous avions désormais l'honneur de participer à la défense la plus avancée de Verdun.

Nous repartons. Vers 17 h. 1/4, un officier du *** régiment d'infanterie nous croise ; il porte des ordres qui, nous dit-il, prescrivent pour 17 h. 3/4 une attaque du village de Douaumont par les troupes françaises. C'est donc pendant un combat tout voisin que nous allons gagner notre poste.

Auprès de la route, sur la route, les trous d'obus sont nombreux. Les hommes restent calmes cependant; dans ces moments-là, la mort et les blessures apparaissent ce qu'elles sont, des accidents naturels, auxquels il faut s'attendre. C'est « dans le civil » qu'on a réussi à faire passer la mort pour un phénomène d'exception! Je me rappelle à ce propos que, comme nous marchions, le capitaine et moi, en tête de la colonne, le caporal de la 1er escouade, qui venait derrière nous, se mit à dire: « Mon capitaine, le chemin devient mauvais, et il vaudrait peut-être mieux que deux officiers ne soient pas ensemble, parce que nous risquons de perdre deux chefs à la fois. » Ni le capitaine ni moi ne songeâmes à juger déplacée cette remarque: elle nous parlait de la mort possible avec le plus grand bon sens. Le capitaine dit: « C'est juste! »; et je me plaçai à la fin de ma section.

Près du fort de Souville, les obus allemands, qui éclatent devant nous, produisent de gros nuages de fumée. Nous ressentons aux yeux quelques picotements; et nous respirons, sans en être fort incommodés, un gaz dont l'odeur rappelle l'éther. C'est un barrage de « lacrymogènes ».

La nuit tombe. Les éclairs de l'artillerie sont plus visibles, plus rouges. Les canons français, échelonnés le long de la route que nous suivons, dans le fossé qui borde les champs, tirent sur Douaumont sans relâche. Nos pieds s'entravent dans les fils téléphoniques qui serpentent de tous côtés. Une haute voiture d'artillerie barre la route ; ses chevaux sont étendus, sanglants.

Cependant la carte nous avait guidés jusqu'auprès du fort. Mais, après la maison du gardien de batterie, le chemin s'arrêtait, ou plutôt se perdait. Tout était chemin ; tout était masses de terres bouleversées. Les artilleurs, qui menaient des obus, n'allaient pas plus loin dans cette direction ; une corvée de fantassins passa, descendant la soupe aux troupes qui tenaient le village de Vaux : ils ignoraient où était au juste le fort ; ils nous recommandaient le silence, puis disparaissaient dans des boyaux, dont on apercevait l'entrée, à droite... Le capitaine, bravement, alla à la découverte. Enfin un jeune officier du *** d'infanterie, qui passait là, s'offrit à nous conduire.

En file indienne, « par un à deux pas », les escouades à quelque intervalle, nous le suivîmes. Les deux tiers de la compagnie étaient dans le fort, lorsqu'on nous annonça qu' « il y avait des blessés ». Et, tandis que les hommes s'entassaient dans le couloir d'entrée et s'étageaient sur l'escalier, cinq blessés étaient ramenés. Trois autres avaient été recueillis par des brancardiers divisionnaires. Et trois morts étaient restés sur le terrain. Un seul obus avait causé ce ravage.

Les blessés ne se plaignaient pas. Ils souffraient beaucoup cependant, et ils ne pouvaient recevoir qu'un pansement sommaire. Leurs plaies une fois bandées, ils furent congédiés, et ils s'en allèrent dans la nuit noire, sur la route où ils avaient été frappés, parmi les trous d'obus, les chevaux morts, et les éclairs lugubres des canons.

Le lendemain 4 mars et les deux jours suivants, nous nous installons et nous explorons les couloirs, les salles, les casemates, les fossés. Deux officiers du génie, venus pour établir les fourneaux de mine destinés éventuellement à faire sauter le fort, nous guident, nous instruisent ; ils nous montrent les « casemates de Bourges », les canons-revolvers ; non sans fierté, ils nous font constater qu'en somme le fort a très peu souffert des bombardements pourtant violents qu'il a subis. En un seul endroit, le béton d'un couloir a cédé et les routes sont toutes intactes. Le sous-lieutenant J. B***.-M***., de la compagnie qui tient La Laufée, vient nous faire visite ; il nous raconte le voyage périlleux de sa compagnie jusqu'à l'ouvrage qu'elle tient maintenant ; il nous dit la présence d'esprit de son capitaine, et il exhorte le nôtre à demander une croix de guerre pour le sous-lieutenant H***. Celui-ci, le 3, en entrant dans le fort, avait eu un homme tué derrière lui ; avec un beau sang-froid, il s'était retourné, avait essayé de relever le mort, était accouru auprès des blessés.

En ces premiers jours, l'artillerie allemande ne nous envoya qu'une trentaine d'obus. D'ailleurs nous savions que deux lignes de tranchées, au moins, nous séparaient de l'ennemi. Le 5 au soir, notre sécurité s'augmenta par l'arrivée de deux sections de mitrailleuses, avec les officiers mitrailleurs.

C'est le 7 mars que notre tranquillité cessa. Durant huit heures, sans arrêt, une averse de projectiles s'abattit sur le fort. Il y en avait de tous les calibres : du 77, du 105, à l'éclatement déchirant ; du 210, du 380, que les soldats avaient entendu surnommer le « Nord-Sud » par des Parisiens de l'active, à cause du grondement strident de son sillage dans l'air ; peut être du 420, car on en trouva un culot près du corps de garde, le lendemain. Ces obus, à de certains moments, tombaient à la cadence de six par minute. Il nous semblait vivre au milieu d'une effroyable tempête. Le « souffle » des monstres brisait vitres et fenêtres, agitait les portes intérieures au point d'en fausser les serrures et les gonds. A l'extérieur, d'énormes quartiers de béton étaient fendus, projetés, écrasés ; les quatre rangs de forts madriers, disposés en chicane aux extrémités du couloir donnant sur le fossé, s'effondraient d'un seul coup, comme des cartes.

Tel était l'ouragan que les hommes durent affronter, quotidiennement désormais, pour aller chercher leur nourriture. La cuisine roulante de la compagnie venait vers 21 heures auprès du carrefour de La Laufée, à 1800 mètres du fort. Et, au moment de la nuit jugé le plus opportun, les « hommes de soupe » partaient. Si quelques-uns hésitaient, il s'en trouvait toujours qui les décidaient et les entraînaient. Un des caporaux s'était réservé, par un héroïsme aussi modeste qu'infatigable, la spécialité de ces corvées ; il n'en manqua pas une, tant que dura notre séjour au fort. Nous autres officiers, nous ne voulûmes point, en cette terrible journée du 7, envoyer nos ordonnances à la recherche de nos aliments. Mais ce fut notre cuisinier qui, de sa propre initiative, nous les apporta, et comme nous le félicitions : « Je me suis dit : il faut bien qu'ils mangent ! » déclara-t-il très simplement.

Dans la nuit du 7 au 8, le bombardement se ralentit. Mais le 8 au matin, vers 6 heures, il reprenait de plus belle. Evidemment, l'artillerie allemande avait mission d'anéantir le fort et ses défenseurs. Nos voûtes résistèrent ; mais, dans les chambres, le vacarme était effroyable. Les gros obus s'abattaient moins nombreux sur la partie du fort qui faisait face à l'ennemi que sur le revers de l'îlot bétonné : ils tombaient dans le fossé, entre le mur de la caserne et le corps de garde. A chaque fois, le mur était ébréché, et ses éclats, les éclats des obus, les fragments des pierres brisées en face frappaient dans les fenêtres. On dut barricader les ouvertures, les blinder, les matelasser. Sans cesse le souffle des obus culbutait les blindages. A l'angle nord du bâtiment, il fallut barricader une brèche : cinq fois on y entassa des moellons, des pavés, des poutres ; cinq fois tout cet amas de lourds matériaux fut dispersé, pulvérisé. Il n'en fallait pas douter, cet acharnement de l'artillerie ennemie annonçait l'attaque prochaine.

Elle eut lieu le 9 au matin, et le premier épisode en fut un peu comique. La canonnade s'était apaisée, lorsque soudain le cri : « Les Boches ! » partit du corps de garde. On nous amène bientôt un malheureux soldat allemand, sans armes, vêtu d'une vareuse, coiffé d'un casque et porteur d'un masque perfectionné contre les gaz. Cette entrée en scène de l'ennemi n'avait rien de terrifiant, et tout le monde se mit à rire. J'essayai d'interroger le « prisonnier » ; mais il ignorait le français et je savais peu l'allemand ; en outre, il semblait très décidé à se taire. Bientôt je dus le laiser, appelé au dehors par d'autres soins. A la fin de la journée, je le retrouvai dans le local du « bureau » où je l'avais laissé ; il était, comme le matin, encore agenouillé sur deux planches, se couvrant d'une peau de mouton et grignotant un morceau de pain que lui avait donné, par bonté d'âme ou par reconnaissance, celui qui l'avait capturé.

Comment cet homme était-il venu jusqu'à nous ? Nous sûmes dans la suite que sous la violence du bombardement ennemi, qui avait frappé également les lignes de tranchées établies en avant du fort, une solution de continuité s'était produite, une « fissure », entre les compagnies de première ligne. Par là s'était infiltrée une patrouille de sept Silésiens hardis et agiles, destinés à reconnaître les effets du bombardement. Les six autres, qui n'avaient pas été pris, furent tués par nos mitrailleuses avant d'avoir pu regagner les lignes allemandes.

Cependant un nouveau cri : « Les Boches ! » retentit, partant cette fois du parapet. Et un guetteur accourt, annonçant que l'ennemi, en colonne, aborde les fils de fer du fort. Il n'y avait pas de temps à perdre. Chaque fraction de la compagnie, conduite par son chef, gagne le poste de combat qui lui a été désigné d'avance. Les mitrailleuses crépitent, les balles sifflent. C'est le combat.

Les Allemands, qui montaient à l'assaut de la face est du fort, n'étaient pas loin : à cent cinquante mètres tout au plus. Mais cette distance leur était malaisément franchissable. Les fils de fer qui entouraient le fort dès le temps de paix avaient été peu endommagés par les obus ennemis. Nous voyions devant nous leurs guirlandes protectrices et les pieux de fer scellés dans le ciment qui les soutenaient ; l'horizon gris et le sol que blanchissait la neige faisaient mieux ressortir leur réseau noir. Et nous sentions bien que nous avions tout loisir de nuire aux assaillants.

Ceux-ci, apparemment, avaient cru le fort vide de défenseurs. Notre feu, calme et bien ajusté, et le tir fauchant des mitrailleuses eurent tôt fait d'en abattre une centaine. Le reste de ceux que nous avions vus en nombre à peu près égal se terra. Deux ou trois petites boules blanches très lumineuses jaillirent du rebord de la crête, où ils s'étaient enfouis. Et leur artillerie se remit à « arroser » le fort et ses alentours. Il devenait inutile d'exposer autant de tireurs sur le parapet. Nous ne laissâmes que des guetteurs. Mais les gros obus avaient déjà fait des victimes : nous avions deux tués et une dizaine de blessés. J'étais, pour ma part, assourdi par deux éclatements trop proches. A côté de moi, un de mes hommes fut frappé dans l'œil par un éclat d'obus ; je reçus dans mes bras son visage sanglant, où palpitait, sous le sourcil, l'affreuse cavité rouge. Je le fis emporter. A peine le malheureux venait-il de disparaître avec ses porteurs, sous la voûte du couloir, qu'un nouvel obus tombait à l'entrée du couloir même. Ce fut un fracas terrible, mais aucun des trois soldats ne fut atteint.

C'est en de tels instants que l'on pense nettement à Dieu, que l'image du foyer béni devient plus vive et plus réconfortante, que l'on invoque sur soi la protection de ceux qu'on aime, et qu'on tâche d'être digne d'eux.

Cependant nous recevions du renfort. Une compagnie de notre régiment arrivait. Une autre était annoncée. Deux chefs de bataillon venaient également : le commandant R., de « chez nous »,et le commandant B., d'un régiment actif. Le premier vécut au fort dix minutes à peine. Une balle à la tempe le tua net, tandis que notre capitaine, en lui transmettant le commandement de la garnison, lui indiquait du parapet les nouvelles positions allemandes. Son cadavre fut transporté à l'infirmerie, en attendant qu'une accalmie permît de l'enterrer daus les fossés.

Triste infirmerie ! c'était une des chambrées, aussi glaciale que les autres, aussi exposée au bruit et à la poussière des obus qui, sans arrêt, tombaient dans la cour, sur les murs. Ce jour-là, elle n'était pas trop garnie : le lendemain, elle dut contenir quatre vingts corps étendus. Les morts gisaient dans un coin, à part, recouverts d'une toile de tente qui cachait leur visage roidi et leur servait de linceul. Les blessés, malgré les peaux de mouton et les couvertures, grelottaient de froid ; le fracas des éclatements, résonnant en leur pauvre tête, les faisait sursauter, rendait leurs souffrances plus aiguës, et leur donnait l'impression qu'ils ne pourraient jamais sortir de cet enfer pour aller se guérir dans un hôpital.

Le combat était suspendu pour la garnison du fort. Mais à droite et à gauche, il continuait ou il reprenait ; les troupes francaises de l'active résistaient et contre-attaquaient. A gauche, l'ennemi était refoulé ; à droite, il s'acharnait davantage et marquait évidemment l'intention de tourner le fort. Là, les défenseurs français se faisaient de moins en moins nombreux... Et l'artillerie placée en arrière ne pouvait les aider efficacement : avec elle toute communication téléphonique ou optique était impossible ; et son ignorance du tracé exact des lignes l'exposait à de meurtrières erreurs...

Je pus suivre cet épisode de la résistance, d'un petit observatoire établi sur le parapet ; c'était le poste de guet du lieutenant commandant les mitrailleurs ; en guise de blindage, il était pourvu d'un toit en rondins de trois centimètres d'épaisseur ; jamais d'ailleurs il ne fut touché d'un seul obus. De là, j'avais un spectacle admirable de bravoure et de discipline. Sous les obus et les balles ennemis, les troupiers français manœuvraient selon les prescriptions du règlement, rampaient comme la théorie le recommande, en s'efforçant de conserver l'alignement, creusaient des trous, approfondissaient surtout les trous d'obus qu'ils utilisaient. Ils allaient être débordés et nous nous apprêtions à faire une sortie, quand l'ennemi s'arrêta.

A ce moment, — il était environ 17 heures, — une nouvelle compagnie active arrivait au fort. Le commandant B... en envoya une partie au dehors pour soutenir les troupes extérieures de la défense.

Un des brancardiers de cette compagnie était prêtre. Avec quelle joie fut-il accueilli, non seulement par les mourants et les blessés, mais par tous ceux qui, d'un instant à l'autre, savaient bien qu'ils pouvaient être frappés ! Jusque-là nous n'avions, comme assistance religieuse, que les paroles laïques de réconfort chrétien que nous pouvions nous dire les uns aux autres. J'avais prêté à un infirmier mon crucifix, pour qu'il en présentât la consolation aux derniers regards des moribonds. Je l'ai toujours, ce Christ de cuivre, « symbole deux fois saint », doublement vénérable...

La nuit du 9 au 10 fut à peu près calme. Mais le matin du 10, l'infernal bombardement reprit. Cette fois, les fils de fer plus particulièrement visés résistèrent moins. Le parapet fut bouleversé en plusieurs endroits. Les voûtes, elles, ne cédaient nulle part.

Nous nous attendions à un nouvel assaut. Il eut lieu le soir à 17 heures. Les ennemis se montrèrent plus nombreux que la veille. Ils affluèrent d'abord en quatre lignes de vagues successives. Celles-ci ayant été fauchées, une colonne par quatre apparut. Elle eut le même sort que les vagues. Pendant ce temps, les batteries de 75 situées en arrière et le canon de La Laufée balayaient les rassemblements ennemis qui s'étaient formés dans la vallée. La joie du succès augmentait l'entrain de tous. Au parapet, territoriaux et jeunes gens de l'active se félicitaient et se conseillaient mutuellement. Le plus ardent et le plus sanguinaire de mes hommes était un placide chemisier d'Angers. Il visait avec calme et poussait un cri de joie lorsqu'un des assaillants tombait.

A 21 heures, l'attaque allemande, découragée, prenait fin. Toute la nuit, nous fûmes sur le qui-vive : cent hommes et deux officiers veillaient au parapet une heure et demie; puis ils étaient relevés et ils remontaient au parapet une heure et demie après. Nous entendions des pas, des corps traînés : c'étaient les Allemands qui enlevaient leurs blessés et leurs morts.

Le lendemain, à l'aube, les corps ennemis étaient moins nombreux à marqueter le sol blanc de neige et de givre de petites surélévations verdâtres. Au loin, dans la vallée, à deux kilomètres, nous aperçûmes tout à coup de longues colonnes en marche, se dirigeant vers le nord. Nous eûmes la vanité de croire que c'étaient nos ennemis, nos vaincus, qui s'en allaient se remettre de leur déception et de leurs fatigues.

Quant à nous, nous n'étions pas au terme de nos épreuves. Nous allions rester au fort cinq jours encore : journées sans attaques, mais journées de bombardements et surtout de souffrances physiques, de fatigues et de privations.

Dans la journée du 11, nous fûmes d'abord réconfortés par l'arrivée de quatre compagnies de chasseurs à pied. Les hommes étaient vigoureux, les officiers pleins d'entrain. Ils étaient modestes, disciplinés, parlaient avec vénération de leur ancien chef, le commandant Madelin, et puis, comme dans les propos vraiment militaires les choses de l'estomac se mêlent aux choses de l'âme, ils vantaient beaucoup aussi les mérites de leur cantinier, le célèbre « Vorace », qui réussissait à leur expédier toutes sortes de denrées, en toutes sortes d'endroits : « Vous verrez, me disaient-ils, nous vous ferons boire du champagne ici. » Quatre jours après, en effet, le champagne arrivait. L'aumônier de leur bataillon était un jésuite à longue barbe noire, très brave, très actif, qui ne se désintéressait ni de la sécurité spirituelle, ni de la sécurité matérielle de ses ouailles.

Nous étions donc heureux de voir des visages

nouveaux et avenants. Mais ils étaient vraiment en trop grand nombre! Le fort, qui avait été bâti pour contenir une compagnie, en logeait maintenant six. Et je ne parle pas des deux sections de nos mitrailleurs : car leur effectif avait été réduit de moitié par les obus ennemis, et le reste ne quittait pas le parapet. Les chambrées étaient bondées; les couloirs, les escaliers, les latrines, tout était encombré de soldats qui dormaient, somnolaient, causaient, fumaient, en attendant leur tour d'aller risquer leur vie au parapet. Au milieu de cet entassement et de ce désordre, nos Angevins ne perdaient pas la tête : ils demeuraient soucieux de la propreté de leurs armes; j'en ai vu alors qui, patiemment, minutieusement, s'appliquaient à dérouiller leur fusil et à le bien graisser.

La circulation était devenue difficile. L'air était peu respirable. D'autant plus que sans cesse les obus éclatant près des fenêtres ou des entrées lançaient dans les couloirs leur fumée ou la poussière de terre et de pierre qu'ils faisaient jaillir. En outre, il y avait, près de la porte de l'escalier, un énorme tas de ciment dont la poudre impalpable volait au moindre souffle. Les courants d'air, les éclatements, voisins ou éloignés, en imprégnaient l'atmosphère.

Le remède usité en pareil cas était l'usage des ventilateurs. Nous possédions deux de ces engins, et un soldat était spécialement préposé au maniement de chacun. Et après chaque éclatement un peu violent, on entendait les ventilateurs égrener leur gémissement continu.

La poussière avait un autre inconvénient : elle augmentait la soif ou la rendait plus insupportable. Or il était devenu nécessaire de rationner la garnison : les citernes baissaient rapidement, car les tuyaux qui leur amenaient l'eau des sources de Tavannes avaient été crevés par les gros obus. A partir du 11, la ration fut fixée à un quart par homme et par jour.

Le 13 déjà, les citernes étaient presque vides : ce jour-là, pour puiser et distribuer l'eau — ou plutôt la boue — un soldat descendait dans la citerne, grattait le fond avec son quart et versait ce qu'il pouvait ainsi recueillir dans le bidon qu'on lui tendait... Dès lors, il fallut que des hommes de corvée allassent aux prix des pires dangers chercher à Tavannes l'eau indispensable.

C'était un spectacle étrange que le départ ces corvées, la nuit. Les hommes se massaient sous la voûte après avoir dégringolé les escaliers parmi les corps.

amoncelés. Leur chef attendait qu'une accalmie se produisît dans le tir de l'artillerie allemande qui battait presque sans discontinuer la route en arrière du fort. Lorsqu'il jugeait le moment venu, il ouvrait la lourde porte de fer, s'élançait, et les hommes, par groupes réglés à l'avance, le suivaient dans les ténèbres. Et nous restions l'oreille aux aguets, attendant l'éclatement prochain et, dès qu'il retentissait, calculant le temps écoulé et la distance vraisemblablement franchie par la corvée...

Chaque nuit aussi arrivait au fort une ou plusieurs corvées de ravitaillement en munitions, outils, vivres ; elles étaient fournies par notre régiment. Nous reconnaissions avec joie nos camarades, nous les guidions à travers les couloirs encombrés. Et, lorsqu'ils repartaient, nous leur serrions les mains avec un « Bonne chance! au revoir! » qui n'était pas, bien sûr, une banale formule! Ces corvées furent souvent fort éprouvées : l'une d'elles eut vingt-deux tués ou blessés ; et la nature de ce qu'elles transportaient: grenades, cartouches, torpilles, augmentait encore leurs risques.

Pour les territoriaux du fort, les dangers étaient maintenant moins fréquents, puisque le tour de garde au parapet revenait moins souvent. Ils étaient toujours graves, néanmoins ; les Allemands s'apprêtaient à faire un siège en règle. Ils établissaient solidement leurs tranchées devant le fort ; ils s'efforçaient même de les avancer ; et ils donnaient chaque jour plus de précision au tir de leur artillerie, de manière à nous rendre le parapet intenable. Nos mitrailleurs perdirent encore du monde. Ces soldats d'élite n'en continuaient pas moins à remplir exactement leur tâche, sans cesse alourdie. Leurs officiers, d'une énergie calme et inflexible, leur donnaient l'exemple et les suppléaient parfois.

Certains de nos soldats étaient plus exposés que les autres. C'étaient les « coureurs ». On a beaucoup parlé des « coureurs » de Verdun. A en juger par ceux que j'ai connus, ces hommes ont été loués au dessous de leur mérite. A toute heure du jour et de la nuit, malgré les bombardements, ils partaient, au premier signal, pour transmettre un renseignement ou une demande d'ordre que le téléphone, sans cesse coupé, était incapable de faire parvenir. Sur les quatre coureurs de ma compagnie, un fut tué, un autre fut blessé grièvement.

Enfin notre relève fut annoncée pour le 15 mars au soir. Nos mitrailleurs, hélas ! devaient rester jusqu'au 21, avec une section de l'autre compagnie territoriale.

Je tâchai de préparer avec toute la prudence désirable ce départ de ma compagnie, — j'en avais le commandement, car mon capitaine, intoxiqué par les gaz, avait été évacué, — et nous partîmes, vers 23 heures, comme nous avions vu partir les corvées...

Le chemin du retour me parut autrement pénible que les journées que je venais de traverser. J'avais alors vu bien des morts et des blessés, mais la vue même des cadavres, dans l'ardeur du combat ou de l'action, peut être attristante : elle n'est pas macabre. Elle a au contraire toute son horreur quand l'esprit a commencé à se détendre. Or la route que nous suivions était parsemée de débris humains. Les capotes bleu horizon, tachetées de sang, pâlies encore par la lumière blafarde de la lune, leur donnaient l'aspect de fantômes. Comme ils se confondaient avec la couleur du sol, il m'arriva de marcher sur l'un d'eux. Et je ressens encore, sous mon pied, le glissement de ces chairs décomposées. Il y avait aussi des chevaux morts, étalés sur la route, qui paraissaient gigantesques, et dont les larges dents brillaient, dans un grand rictus effaré.

Nous entrâmes à Verdun au petit jour. Dans les casernes destinées à nous loger, nous trouvâmes nos camarades installés depuis la veille. Chacun raconta ses « campagnes ». Le colonel, — qui avait eu au bois des Hospices et au fort de Tavannes sa large part des dangers, — était content de nous. Tout le régiment fut félicité par les généraux, qui comparèrent les territoriaux angevins à l' « active », pour « l'abnégation, la conscience, le dévouement » déployés à Vaux, à La Laufée, et dans les corvées de ravitaillement si périlleuses.

Quelques jours après, les autobus nous menaient au « repos » promis un mois auparavant...

* * *

Ainsi une fois de plus, mais cette fois en des circonstances particulièrement dures, les Territoriaux d'Anjou avaient fait leur devoir, simplement, complètement. Ils étaient allés, malgré les obus, là où on les conduisait. Ils avaient combattu, ils avaient tenu, ils avaient forcé l'ennemi à reculer. Ils avaient accepté toutes les privations. Cette énergie tenace et calme en face du devoir, des souffrances, de la mort, cet héroïsme patient, voilà la vraie « douceur angevine », si catholique et si française, intrépide et « humble de cœur ».

[Ce récit — à quelques variantes près, — a été publié par le *Correspondant* du 10 mars 1917].

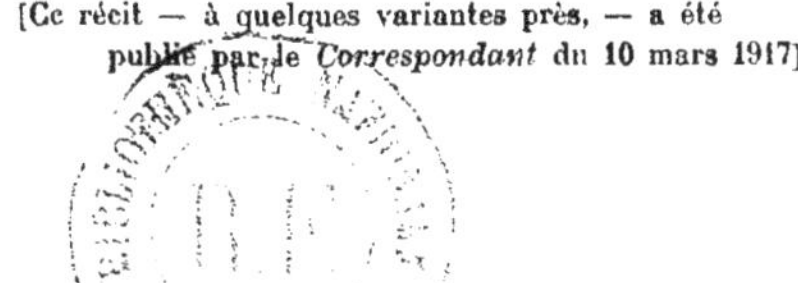

www.ingramcontent.com/pod-product-compliance
Ingram Content Group UK Ltd.
Pitfield, Milton Keynes, MK11 3LW, UK
UKHW022159190726
13855UKWH00004B/1546